AF189606

Impressum:
2019
1. Auflage

Petra Kohfink
Geb. 06.02.1976
in Bietigheim-Bissingen

Gestaltung:
Steffen Keerl

Verlag und Druck:
tredition GmbH
Halenreie 40-44
22359 Hamburg

ISBN 978-3-7497-8304-5

Bibliografische Information der Deutschen Nationalbibliothek:
Die Deutsche Nationalbibliothek verzeichnet diese Publikation in der Deutschen Nationalbibliografie; detaillierte bibliografische Daten sind im Internet über http://dnb.d- nb.de abrufbar.

Seelengold

Geh Deinen Weg...
Welchen?

Kennst Du diesen gut gemeinten Ratschlag?

Lebe Dein Leben, enjoy it, sei immer Du selbst, vergleiche Dich nicht, da draußen wartet so viel – beginne, denke groß, uvm…

Doch wie finde ich bei all den Möglichkeiten, Verführungen und den immens viel zu treffenden täglichen Entscheidungen MEINEN WEG?

Meistens suchen wir genau dann danach, wenn wir das Gefühl haben, IHN verloren zu haben.

Ich nehme Dich durch Seelengold mit auf meinen spannenden Weg, ein real erlebter, emphatischer, kräftezehrender, berührender Lebensweg von mir als Ehefrau, Unternehmerin & Mama 3er Kinder.

Mein Weg – mein Leben. Wir alle so auch ich bekomme Herausforderungen gestellt die ich meistern muss mit kleinen, oftmals auch größeren, Steinen die im Weg lagen und liegen um zu mir selbst zu finden, um zu Erkenntnissen zu gelangen, Akzeptieren, Annehmen und Loslassen lernen und vor allem um die Liebe zu spüren.

Denn wenn wir den Weg gehen, der unserem Zweck entspricht, werden aus den großen Steinen, die uns vorher im Weg lagen, kleine Kieselsteine, die wir mit der Klarheit und Zielausrichtung unserer Gedanken mühelos überqueren können und dadurch zu wundervollen Momenten gelangen.

Freue Dich auf Deine Seelengold Reise, biege mal links, mal rechts ab, das macht das Leben spannend und interessant. Ich freue mich, wenn ich Dir mit „meinem Leben" kleine AHA-Momente schenken kann, und Du, wenn Du das Gefühl hast, falsch abgebogen zu sein auf Deinem Lebensweg, die Kraft aufbringen kannst, um auf DEINEN Weg zu gelangen, denn kein Weg ist falsch, jeder ist nötig, um zu wachsen und gestärkter weiterzugehen. Und jeder Weg, den Du entscheidest zu gehen, zu gehen mit Deinen Füßen und Deinen Schuhen, dieser Weg wird zu Deinem eigenen.

Schön, dass Du Dir die Zeit für Dich nimmst, wertvolle Zeit für Dich, vielleicht mit einer Tasse Tee, ohne Smartphone und Ablenkung, nur Du mit Seelengold und Deinen ganz eigenen Gedanken. Lasse Dich mit meinem Seelengold Geschenk an Dich begeistern und mit Empathie verzaubern.

Ich widme dieses Buch meinem lieben Ehemann und meinen drei Kindern Brian , Kim und Nick.

Vielleicht ist es sinnvoll, wenn Du Dir einen Bleistift, **keinen** Radiergummi und einen Textmarker zurechtlegst. Es wird im Laufe des Buches (meines Lebens) Möglichkeiten geben, dass Du Dir einzelne Gedanken notierst, Momente, Gefühle, Erlebnisse, Informationen, die Dir einfallen und die Du festhalten möchtest, ohne Radiergummi, denn das ist Leben – zeichnen ohne Radiergummi – mein Lebensmotto!

Lass Dich mitreisen …

Seit drei Jahren stehen die ersten Seiten meines Buches, wo, wie und mit was erzähle ich weiter? Nun gerade jetzt ist wohl der richtige Zeitpunkt in meinem Leben, meine Zeit weiter für mein Buch zu nutzen, um meine bisherigen Erfahrungen, mein Wissen und meine Erlebnisse aufzuschreiben, denn das Leben, mein Körper zwingt mich zu einer Pause …, nach einer Influenza reiht sich nahtlos ein psychovegetatives Erschöpfungssyndrom ein, besser bekannt als Burn-out.

Schwäche zeigen

zu können,

ist eine Stärke

Ja gerade 43 Jahre, erfolgreiche Unternehmerin, der Tag ist gefüllt mit viel Arbeit, meinen drei Kindern, 11, 15 und 18, Mamas wissen wovon ich spreche, was diese Altersklassen angeht, meinem Mann, der ebenfalls selbstständig ist, einem großen Haus, in welches ich meine Kreativität und große Freude am Umgestalten und Dekorieren reinstecke, ja und ab und an Pausen bzw. Versuche, mir Auszeiten zu schaffen, welche ich am liebsten in der Natur verbringe, um zur Ruhe zu kommen, weg von allen Geräuschen, Reizen, Fragen, Entscheidungen, nur die Natur und ich, denn ich bin hochsensibel.

Es sei eine Gabe, doch die Erkenntnis der Hochsensibilität haut mich auch erst mal um. Sie hat mich sehr ergriffen, denn es kann sein, dass mich Menschenansammlungen, Geräusche, zu viele Reize, zu viel spüren, Gedanken „lesen" können, Empathie und eigene Grenzen nicht immer richtig einschätzen zu können, sehr belasten. Doch zu diesem Thema später mehr.

Nun merkst Du sicherlich schon, wie herausfordernd, jedoch für mich auch positiv motivierend es ist, all das 43-jährige Leben so zu verpacken, dass ich Dir nichts vorenthalte von meiner Lebensreise. Ich wünsche mir für Dich, und das ist mir eine Herzensangelegenheit, dass meine Botschaft mit Seelengold Dich immer wieder an Deine Goldstücke in Deinem Leben erinnert, Goldstücke an Inspirationen, an Denkanstößen, an dem Gefühl, nicht alleine zu sein, an sich selbst zu glauben und sich selbst sein lassen.

… darum habe ich mich entschieden, einen BRIEF AN MEIN LEBEN zu schreiben, Du wirst daraus mit Sicherheit Deine eigenen Goldstücke mitnehmen.

Liebes Leben,

ich möchte Dir einen Brief schreiben, einen Brief über unser gemeinsames Leben, einen Brief über meine Gedanken und Empfindungen, über meine Herausforderungen, meine daraus gewonnenen Erkenntnisse, Momente des Schmerzes, über Situationen, in denen ich Entscheidungen treffen musste, über Wachstum und Erfolg, über Gefühle und die Liebe.

Bist Du bereit?

Kannst Du Dich an das kleine Mädchen erinnern mit den kurz geschnittenen Haaren, als mittleres Kind von zwei Geschwistern, das Klischee Sandwichkind, welches immer negativ ausgelegt wird und in der Psychologie als Bonbon für Erklärungen bei Auffälligkeiten genutzt wird, dieses sah ich als eher positiv an.

Mit dem Mädchen, welches ein Junge hätte werden sollen, wuchs eine kleine Kämpfernatur heran. Als ich mit ca. vier Jahren mit meinem Papa im Zoo war und am Affengehege etwas weiter hinten stand, sagte ein Zoobesucher zu meinem Vater: „Ihr Sohn kann hier hinten gar nichts sehen, lassen Sie ihn doch weiter vor!"…und mein Vater reagierte einzig und allein auf die Position nicht auf „den Jungen".

Dadurch festigte sich wohl in mir dieses Jungengen, diese familiäre Prägung, einen Stammhalter, einen Jungen zur Fortführung der Familie haben zu wollen.

Mein Mädchenherz rebellierte, ich, das kleine Mädchen, welches immer wieder spürte, es wurde nie ausgesprochen, dass ich hätte der gewünschte Stammhalter werden sollen. Ich konnte schon damals vieles spüren und intensiver wahrnehmen und hatte immer wieder den Gedanken, eigentlich eine Schwangerschaft zu viel gewesen zu sein. Mein Papa nannte mich immer „Peterle" war das vielleicht die süße Verniedlichung von Peter? Auch wurde ich „Äffle" genannt, als Kosenamen, welchen nur mein Papa sagen durfte und ich dadurch seine Liebe spürte. „Wir haben dich mit einer Banane aus dem Urwald gelockt" war immer wieder die Erklärung beziehungsweise Deutung meiner doch etwas anderen und rebellischen Art. Ich war einfach etwas anders als meine Geschwister, jedoch nicht begreifbar anders, und das „Äffle" erklärte das in einem einzigen Wort ganz gut.

Ich liebe meine Eltern wie und was sie sind. Mit enormer Bewunderung sehe ich meinen Papa an, er hat innerhalb der letzten 50 Jahre ein sehr erfolgreiches Unternehmen geschaffen, begleitet von mittlerweile 30 Mitarbeitern. Dies war und ist unter anderem durch seinen unermüdlichen Einsatz und Eifer möglich. Hinzu kommt, dass meine Mama ihm den Rücken freigehalten hat, eine Struktur, welche meine Eltern für sich gestaltet haben, die von Erfolg und Zufriedenheit gekrönt ist. Auch wenn der unternehmerische Erfolg sicherlich nicht spurlos an unserem Familienleben vorüberging. Mithilfe im Unternehmen war gefragt, die gemeinsame Familienzeit war oftmals knapp und mein Papa sicherlich in vielen Situationen im Zwiespalt mit seinem Gewissen, es uns, aber auch seiner geschäftlichen Position recht machen zu wollen. In meiner Kindheit kann ich mich sehr gut an die Sonntage erinnern, die ausschließlich für die Familie reserviert waren und in diesen Tag viel „Gemeinsam" reingepackt wurde. Auch die Ferien wurden immer mit kurzen, aber sehr erlebnisreichen Urlauben geplant.

Das sind familieninterne Strukturen, die es denke ich in jeder Familie gibt, ein Lebensstil den jede Familie für sich finden und leben muss. Abhängig von der beruflichen Situation, den Alltagsinteressen der einzelnen Familienmitglieder und der Bereitschaft, Familie auch leben zu wollen, den Kindern Erlebnisse zu verschaffen, Momente zusammen zu erleben, Länder und Kulturen kennenlernen zu dürfen, Dinge beibringen, Natur erkunden, gemeinsame Zeit verbringen, sich auszuhalten, geben und nehmen lernen, ja all das sind Familienmomente, an denen wir uns reiben und entwickeln dürfen, all das gehört zum „Grosswerden", und es ist unglaublich schön, dieses Erleben gehabt zu haben.

Ein Ort, welchen man Zuhause nennen kann, ist das wertvollste Gefühl für einen Menschen und das hatte ich immer.

Damals wollte ich gefallen, rückblickend lassen sich viele Ereignisse wie ein Puzzle zusammenfügen und werden erklärbar, so zum Beispiel der sportliche Ehrgeiz, ich übertraf die sportlichen Leistungen meiner großen Schwester und wurde beim Skirennen im Skischulkurs, wo ich mich beim Vorfahren zur Einteilung in die Leistungsgruppen übermäßig anstrengte, um ja bei meiner großen Schwester in die Gruppe eingeteilt zu werden, immer 1. Ich stand als kleine Schwester Jahr für Jahr auf dem Siegertreppchen und meine große

Schwester wurde immer Dritte. Wie musste das wohl für sie gewesen sein? Nie haben wir darüber gesprochen. So setzte sich meine entwickelte Kämpfernatur mit den Jahren immer mehr durch. Ich lernte, selbständig zu sein, Verantwortung für mich zu übernehmen, denn die große Schwester war nun mal die Erstgeborene, die rein biografisch eine besondere Rolle innehatte, und gegen meinen kleinen „ Sonnenschein" Bruder (endlich war der Junge, der Stammhalter geboren) brauchte ich erst gar nicht ankämpfen. Schon früh hatte ich kapiert, dass ich da nur verlieren konnte, sodass ich mich eher mit ihm verbündete.

Dass ich Werte genossen habe, die sehr sinnvoll sind für ein gelingendes Leben, im sachlichen Bereich, arbeiten, wie man bei uns im Schwäbischen sagt: „Schaffe, schaffe, schaffe", denn von nichts kommt nichts, ja diesen Wert habe ich intus. Jedoch, und da kommt das Aber, ist Arbeit nicht das ganze Leben, denn Liebe, Empathie, Respekt und Fürsorge sind elementare Grundpfeiler und lebensnotwendig.

Liebe ist das, was ich als Mama immer geben möchte, egal in welcher wirtschaftlichen, familiären und gesundheitlichen Verfassung ich mich befinde, die Liebe zu meinen Kindern ist unendlich und immer verfügbar.

Meine Ohren sind zum Zuhören da, meine Hände für die Zuneigung (ich habe rein anatomisch sehr große Hände, mein Hochzeits-ring ist gleich groß wie der meines Mannes), und mein Herz ist mit Liebe gefüllt.

All das ist definitiv keine Garantie für fehlerfreies Erziehen. Sicherlich beachte auch ich hin und wieder Signale nicht aufmerksam genug, denn auch ich bin „nur" ein Mensch, eine Mama und keine Maschine, kein Computer, der die Worte bzw. Taten korrigiert, sondern ich lebe und liebe nach meiner Vorstellung, immer mit den momentan gegebenen Möglichkeiten, so wie meine Eltern damals ganz bestimmt auch.

Ich bin überzeugt, dass es jedes Elternteil naturgemäß bestmöglich macht, denn, und daran müssen wir immer denken, unsere Eltern sind die Tür, die Pforte zu unserem Leben. Wir leben und damit haben sie einen guten Job gemacht, den weltbesten.

Es ist normal, daß wir Erwartungen und Wünsche an unsere Eltern haben oder gehabt hätten, doch ist es für mich sinnlos, sich damit zu beschäftigen, denn wir verändern damit unsere Vergangenheit nicht, wir sind Individuen und im Erwachsenenalter selbst für uns und unser Leben verantwortlich.

Denn genau daraus, aus unserer Erziehung, tragen wir unsere Päckchen mit ins „Groß-werden". Die einen haben einen leichteren Rucksack, die anderen einen etwas größeren und schwereren, aber jeder von uns hat sein Gepäck zu tragen.

Die Frage ist ja, was machen wir aus diesem Gepäck? Was machen wir aus unseren

Anlagen? Nutzen wir sie für unseren Weg? Fühlt sich das Gepäck leicht an wie eine Feder und wir benutzen es als Inspiration, als Geschenk? Oder wiegt es sehr, sehr viel an Gewicht wie eine Last ? Macht diese Last Angst? Dieses Gewicht, diese Be-last-ung nicht tragen zu können?

Angst, ja manchmal kann einem das Leben Angst machen, das Gepäck, die Anforderungen, die Verantwortung und die Verpflichtungen.

Doch ist Angst ein guter Reisebegleiter? Nein, das wissen wir beide, Angst ist dazu da, uns zu stärken, wenn wir flüchten müssen, flüchten vor Feinden, und die Situation lebensbedrohlich wird, Hormone wie Adrenalin, Cortison und Cortisol werden ausgeschüttet und weitere körperliche Aktionen werden in Gang gesetzt, wie daß der Blutdruckt steigt, der Herzschlag erhöht sich, die Bronchien erweitern sich, damit wir mehr Sauerstoff bekommen, die Skelettmuskulatur spannt sich an, sodass wir bereit sind zum Kampf oder zur Flucht. Doch benötigen wir dieses Vorgehen aus unserer menschlichen Urgeschichte heute noch? Müssen wir tatsächlich ums Überleben kämpfen? In der Regel nicht, jedenfalls nicht beim Beantworten der vielen E-Mails, beim Stemmen des Haushaltes, beim Streit mit den Kindern oder dem Partner, wobei die Diskussionen mit den Kindern manchmal tatsächlich so klingen, als ginge es um das nackte Überleben, wenn wir im Stau stehen, zu spät zu einem Termin kommen oder den Flieger verpassen.

Aber es gibt Situationen im Leben, die einem zweifelsohne und verständlicherweise Angst machen, wenn man Menschen verabschieden muss, die man sehr lieb hat, wenn man negative Nachrichten bekommt, wenn man vor großen Herausforderungen steht, vor großen Entscheidungen, doch dies ist glücklicherweise nicht die Norm und unser Alltag.

Und es gibt sie auch, die grundlose Angst, einfach die Angst vor nichts, wobei das Wort „einfach" an der Stelle deplatziert ist, aber diese Angst ohne Grund, sie ist da und sie will gespürt werden, angenommen werden, um sie dann loszulassen, gehen zu lassen, denn es passiert nichts, wenn wir die Angst „einfach" mal aushalten und sie zulassen.

Denn durch die Angst, die im Körper bleibt, lassen all die vorher beschriebenen Symptome nicht nach, und in Dauerschleife verspannte Muskeln? Im Standby-Modus Bluthochdruck? Das macht uns auf Dauer krank, deshalb ist es sehr wichtig und sinnvoll, sich mit der Angst auseinanderzusetzen, sie anzunehmen, vielleicht möchte sie einem etwas sagen, um sie dann zufrieden gehen zu lassen mit dem Vertrauen, trotzdem zu überleben.

"Angst ist ein Produkt
unserer Gedanken.
Gefahren sind real,
aber Angst entsteht in
Deinem Denken"

Meine Lebensreise geht weiter, die Reise zu mir selbst, die Reise in die Teenie-Zeit, in die Pubertät.

Ich strebte bis zu meiner Pubertät erfolgreich die Hochleistungskarriere im Sport an, ich war Leichtathletin, und das mit unglaublicher Motivation und großem Engagement. Ich liebte Hindernisse, den Hürdenlauf. Ob das bezeichnend ist für meinen Weg? Die Hindernisse, die im Weg stehen, bestmöglich zu überwinden? Ich konnte bessere Zeiten erzielen mit den Hürden im Weg als im Sprint auf der Geraden … wohl tatsächlich ein Indiz dafür …

Ich wurde be- und gefördert und bekam einen Platz im Auswahlkader von Württemberg. Ich war von Stolz erfüllt, wöchentlich in der Tageszeitung mit meinen Erfolgen zu erscheinen, doch schon in diesen jungen Jahren spürte ich, dass Leistung nicht alles ist. Da drinnen war eine Lücke, eine große Sehnsucht, die nach etwas anderem suchte.

Ein neuer Abschnitt begann. Die Schule hatte ich mit der mittleren Reife beendet. Was nun tun?

Beide Geschwister machten Abitur, somit, um adäquat mitzuhalten, habe ich mich auf der Wirtschaftsschule beworben, jedoch eine Absage erhalten. Was nun? Es waren bereits Sommerferien und ich hatte keine Idee wohin und was ich tun sollte. Während meines Ferienjobs grübelte ich über meine Zukunft nach. Immer in den Ferien machte ich einen Ferienjob bei meinem Vater im Autohaus, wo wir schon wieder beim Thema Arbeiten sind. In allen Ferien stand ich, bei allen Ausstellungen und Events, meinem Vater immer zur Seite und verdiente mir so mein Taschengeld.

Das ist einer der lobenden Werte, die sehr hilfreich sind, denn das Gefühl, etwas getan zu haben, um sich dann Wünsche zu erfüllen oder einfach einen Lebensstandard zu ermöglichen, trägt mich heute noch und ist auch bei meinen Kindern ein Wert, den ich immer wieder predige, dass man für gewisse Dinge, selbstverständlich ist nicht alles im Leben mit Geld zu bezahlen, außer Frage, etwas tun muss, um sich etwas leisten zu können. Nirgends wächst das bekannte Bäumchen im Garten, von dem man die Geldstücke pflücken kann. Noch bin ich am Predigen, so ganz wollen sie das noch nicht verstehen …

So blätterte ich die Gelben Seiten durch, es gab im Jahr 1992 noch kein Google, und suchte unter „S" wie Sport, denn dabei war ich mir so sicher, das mochte ich, und entdeckte die Sportmedizin. Noch am selben Tag habe ich mich beworben und bekam sofort, nach einem Vorstellungstermin, die Zusage zu meiner Ausbildung als Facharzthelferin.

Durch diese medizinische Ausbildung lernte ich viel über mich, meinen Körper, Beziehungen zu Menschen, sich kümmern, wichtig zu sein, wertvolle Arbeit zu tun …, welche mich so bereicherte, dass ich mit 100%iger Überzeugung sagen kann, in dieser doch langen Zeit, immerhin 14 Jahre, war ich auf einem stimmigen Weg für mich und meine Berufung. Meine Empathie, mein Gefühl für Menschen und meine Wissbegier konnte ich in vollem Umfang einbringen und machte viele Weiterbildungen/Fortbildungen mit verschiedensten Zusatzqualifikationen. Diese Zeit, liebes Leben, habe ich geliebt, in vollem Umfang. Und gelange zu einer lebenswichtigen Erkenntnis. Wenn Du Dich mit Menschen umgibst, die Dich erkennen, die Dein Inneres berühren, die Dich annehmen und lieben wie und wer Du bist, ja genau diese Menschen tun der Seele gut und unter diesen Umständen ist es mir gelungen, mein inneres Potenzial, ein Talent, eine Gabe, komplett zu entfalten, der Mensch, ich als Arzthelferin, war fähig, Höchstleistungen zu vollbringen, ein unentdecktes noch in mir schlummerndes Talent oder besser gesagt eine Gabe, die ich in mir habe, weiterzugeben, Menschen Gutes zu tun, Patienten zu helfen, sie auf ihrem Weg zur Genesung zu begleiten. Auch für das Unternehmen, in diesem Fall die Praxis, ist ein Mitarbeiter, der sich in vollem Umfang einbringt und sich mit der Arbeit identifiziert, ein „Goldstück".

So bin ich mir sicher, um das auf das gesamte Leben zu übertragen, ist es wertvoll, seinem Herzen, seiner Intuition zu folgen. Manchmal ist die Stimme im Inneren so leise geworden, da der Trubel um uns herum so laut ist bzw. wir zulassen, dass die Geräusche, die Arbeit, die Familie, der Haushalt, die Verantwortung, die Verpflichtungen und vieles mehr so viel Raum einnehmen, sodass wir manchmal die Stimme des Herzens nicht mehr hören.

Eine gewisse Zeit geht das gut, doch verdient gerade dieses Organ die größte Aufmerksamkeit, denn unser Herz leitet uns, zeigt uns den Weg, wenn wir ihn verloren haben, wir müssen nur gut genug zuhören. Denn unser Herz kennt den Weg.

Während dieser Zeit in meiner medizinischen Praxis lernte ich so viel über Menschen, erkannte, was möglich ist und wofür ich mich begeistern kann. Es war eine sehr intensive Erfahrung. Du hast sicherlich gespürt, dass diese Zeit eine sehr besondere und bedeutende Zeit für meine Entwicklung war.

> „ *Find yourself*
>
> **and be that**"

Nach dieser aktiven Praxiszeit nutzte ich all mein Wissen, welches ich mir u. a. an der Uniklinik in Tübingen angeeignet hatte, und absolvierte einen Lehrgang zur Gesundheits-/ Präventionstrainerin und ging den Weg in die Selbstständigkeit.

Mit Medical Fit und meinem selbst entwickelten Programm verhalf ich vielen meiner Patienten zu einem neuen entspannten Körpergefühl. Die erlernten Entspannungstechniken wie die Progressive Muskelrelaxation nach Jacobsen und das Autogene Training nach Prof Dr. Schultz sind nach wissenschaftlichen Studien hochwirksame Methoden, um die innere Muskelanspannung runterzufahren.

Die Kursinhalte waren so aufgebaut, dass ergänzend zur Rückenschule eine angenehme Fantasiereise den Kurs wöchentlich bereicherte.

Unbedacht der Gefahr der Selbständigkeit im Dienstleistungsbereich durfte ich erfahren wieviel Kraft es kostet Menschen in leidenden Situationen zu begleiten und zu unterstützen wenn man, wie ich, sich nicht gut abgrenzen kann. Seine eigenen Grenzen nicht spüren, sich in die Gefühlswelt der anderen Menschen hineinzuversetzen, mitzuleiden, Lösungen zu suchen und zu finden, all das mit Emotionen und Wissen. Doch der fehlende Abstand, die nicht vorhandene notwendige Grenze im zwischenmenschlichen, beruflichen Kontakt strengen an und saugen aus … Dadurch, ich spürte dies rechtzeitig, verließ ich erst mal das Feld der Medizin.

Kennt Ihr die Möglichkeiten der Bestellungen ans Universum? Kennt Ihr die vielen Schilder und rhetorischen Sprüche, die uns auf Speisekarten, auf Pins auf öffentlichen Plätzen, in Shoppingcentern auf Statement Shirts begegnen? All diese sollen uns motivieren und unser Bewusstsein für unsere innere Stimme, unsere Intuition stärken. Die Frage ist, warum gibt es diese vielen Lebenssprüche, diese vielversprechenden Zitate, warum meinen diese Menschen, die sich diese Sprüche ausdenken und an den verschiedensten Produkten anbringen, wie live your life, dream big, be you tiful, enjoy your day, lebe den Moment und so viele mehr, dass wir immer mal wieder diesen Gedankenanstupser benötigen?

Vielleicht tut es uns einfach gut, ab und zu daran erinnert zu werden, wie wertvoll unser Leben ist und wie dankbar wir sein dürfen, in dieser Zeit dieses Leben, leben zu dürfen.

In diesem Zusammenhang möchte ich auf einen Autor zu sprechen kommen, der mich unheimlich inspiriert hat, sodass ich seine Bücher regelrecht verschlungen habe, denn seine Sprache verstehe ich, er spricht in derselben Gedankenwelt, und das ist für mein Leben lebensnotwendig. Umgib Dich mit Menschen, die Deine Gedanken, Deine Gefühle verstehen können, die Deine Sprache, und damit meine ich nicht Englisch, Deutsch usw., sondern Deine Sprache des Herzens sprechen, die Deine Gedankengänge nachvollziehen können und ohne Worte sogar viel gesagt ist.

Das muss nicht der Partner, sondern kann ein Coach, ein guter Freund, eine Freundin, eine ältere Nachbarin sein. Du spürst, mit welchen Personen es nicht vieler Erklärungen bedarf und eine Bereicherung im Zusammentreffen und Zusammensein beiderseits stattfindet. Diese Momente, diese Zeit ist so unendlich wertvoll und trägt zu unserer Persönlichkeitsentwicklung einen sehr großen Teil bei.

Zurück zu diesem Schriftsteller (John Strelecky) mit den Fragen: Wie könnte Glück für Dich aussehen? Warum bist Du hier, hier auf dieser Welt? Was willst Du vom Leben? Kennst Du Deine Träume? Erlaubst Du Dir, sie zu leben, Dir zu erfüllen? Oder sorgst Du Dich um Dein Leben, Deine Gesundheit, Deine Kinder, Deinen Job, das Alter, den Weltfrieden? Hast Du Sorgen, das Leben nicht gelebt zu haben, bevor es vorbei ist?

Wenn wir uns Sorgen machen, Sorgen über all das, was kommen könnte, verpassen wir die Gegenwart, verpassen wir, im Hier und Jetzt zu leben, denn uns vorzunehmen, wenn wir dann das eigene Haus haben, dann werde ich glücklich, oder wenn ich dann die Beförderung und Gehaltserhöhung bekommen habe, ja dann werden wir glücklich sein… wenn wir auf das „ja dann" warten, verpassen wir das Jetzt, und genau das ist es, worauf wir reagieren können, genau das, was gerade um uns geschieht, das ist unser Leben, hier und jetzt und genau dieser Moment ist kostbar.

Das heißt definitv nicht, wir sollen keine Ziele oder Träume haben, das ist elementar und ein Geschenk wenn wir wissen, was unsere Träume sind, doch sollten sie uns nicht daran hindern, den Moment zu leben, sondern motivieren, das Leben auszukosten und aus allen Herausforderungen, Erlebnissen und Momenten zu lernen, daran zu wachsen, sodass uns später jede Falte eine Geschichte erzählen kann. Jede Falte in unserem Gesicht, an unserem Körper darf sein, muss sein, denn darin lesen und sehen wir ein intensiv gelebtes Leben, ein JA zum Leben, ohne zu verdrängen und zu retouchieren.

Gedanken Parkplatz für DICH lieber Leser!

Wie geht es Dir? Wie geht es Dir genau jetzt? Kamen eigene Erlebnisse in Deine Gedanken? Erlebnisse aus der Vergangenheit? Vielleicht hast Du auch Ideen oder Anregungen durch die letzten Seiten, die Du gelesen hast, bekommen. Wie ich Dir angekündigt habe, benötigst Du eventuell jetzt Deinen bereitgelegten Stift und möchtest Dir ein paar Notizen machen.

Hier findest Du Platz dafür, Platz, um Deine Gefühle, Deine Gedanken, Deine Ideen zu benennen und in Deine eigenen Worte zu fassen. Nimm Dir Zeit dafür, sodass diese Zeilen zu Deiner inspirativen Quelle werden.

_____

_____

_____

_____

_____

_____

_____

_____

„Wir bestimmen selbst unsere Gedanken und Gefühle"

Weißt Du noch Kreta 1991? Ich war gerade 16 Jahre alt, ein Familienurlaub, bei dem ich mein Herz an einen sportlichen jungen Mann verloren habe, der mich hat spüren lassen, etwas Besonderes zu sein. Aus einer Urlaubsliebe wurde tatsächlich eine Bindung, die die nächsten 16 Jahre zu einer Familie mit drei Kindern wurde.

Eine Ehe, die ein eigenes Buch nötig hätte.

Aus Mann und Frau werden Mutter und Vater, diese Rollen und vor allem die Werte, die jeder schon rein genetisch (30 % der Person sind bei der Geburt die Gene) mitbringt, entwickeln sich bestenfalls gemeinsam, doch insbesondere wir Eltern sollten ein stabiles Fundament zur Entwicklung unserer Kinder sein.

Mein Körper war sehr schwanger, in jeder Schwangerschaft nahm ich 36 kg zu, definitv eine Strapaze, so auch bei unserem ersten Sohn im Jahr 2000, dessen Geburt 72 Stunden dauerte. Die Sonne ging unter im Kreißsaal, dann wieder auf, dann wieder unter usw. Im Nachhinein habe ich mir meine Gedanken darüber gemacht warum du, mein kleiner Sohnemann, so lange bei mir bleiben wolltest, bzw. ich dich nicht gehen lassen wollte.

Dein Papa war leidenschaftlicher Fußballer und an deinem besagten Geburtstag wäre mittags um 14 Uhr Anpfiff zu einem wichtigen Spiel gewesen. Da dein Vater sehr oft nicht anwesend war, beruflich und sportlich bedingt, wollte ich diesen Moment, unserem Kind gemeinsam willkommen zu sagen, mit ihm teilen. Mein Körper hilft mir in vielen Momenten, das Richtige zu tun, auch wenn ich das nicht immer gleich verstehen will. Du wirst im weiteren Verlauf meines Briefes noch verstehen was ich meine.

So auch an diesem Tag, die Geburt zögerte sich hinaus, die Uhr tickte unaufhaltsam in Richtung Anpfiff des Fußballspiels. Die Unruhe bei meinem Mann war zu spüren, warum geht es denn nicht vorwärts, wenn der kleine Mann jetzt kommen würde, könnte er noch, na immerhin zur 2. Halbzeit …, aber mein kleiner Sohn und ich verstanden uns schon damals ohne Worte und machten, wenn auch kräftezehrend, aber wir machten langsam. Als das Spiel zu Ende war, kamen die Presswehen und nun bist du schon 18 Jahre alt.

Auch meine Tochter Kim kam unter extremen Bedingungen zur Welt, zwar ohne Fußballspiel, aber mit geplatzter Fruchtblase und komplett trockenem Geburtsgang. Mein kräftiges Mädchen war schon nach 5 ½ Std bei mir, jedoch genauso schnell wieder weg, denn ein erhöhter Entzündungsparameter entschied über den Weg zur Kinderklinik. Gefühle überrumpeln einen, doch wir haben gekämpft und schon bald konnten wir zusammen nach Hause. Und du liebe Kim bist heute bereits 15 Jahre alt und ein großer besonderer Herzensmensch für mich.

Danach folgten leider 2 Fehlgeburten. Durch mein medizinisches Verständnis konnte ich mir das auf einer sachlichen Ebene erklären und lernte damit umzugehen, wünschte mir aber ein 3. Kind und wurde erneut schwanger. Alles lief gut, die Untersuchungen ergaben durchweg positive Befunde, bis zur 22. SSW – unfassbar, aber meine Tochter war im Mutterleib verstorben.

Warum lebt meine kleine Tochter nicht mehr? Wir sind doch schon über die Hälfte der Schwangerschaft hinaus?

Ich wollte meine Tochter sehen und habe sie unter Tränen zur Welt gebracht, meine winzig kleine Tochter. Ja, da erkannte ich, dass es nicht möglich war, in dieser Wachstumsphase zu überleben beziehungsweise zu leben.

Ich musste Sie sehen, das visuell wahrnehmen und erleben, dass sie so nicht lebensfähig ist. Dieses Erlebnis forderte mich sehr und kostete mich unheimlich viel Kraft. Ich verbrachte danach einige Wochen zu Hause, habe viele Bücher zu dem Thema Sternenkinder gelesen, was ich immer tue, wenn ich Herausforderungen im Leben gestellt bekomme. Dann lese ich Sach- und Fachbücher, um mich intensiv damit zu beschäftigen, zu lernen, damit umzugehen und das Thema anzunehmen und manches Mal vielleicht auch verstehen zu lernen.

So auch mit meinem Sternenkind.

Es ist im Leben nicht immer einfach, manchmal sind wir gezwungen, einiges auszuhalten, oder werden in diesen Momenten vor extreme Herausforderungen gestellt, aber das bedeutet nicht, dass wir aufhören sollten weiterzugehen und vorwärtszugehen, denn mit dem Bewegen, dem Weitergehen werden wir stärker.

So hatte ich den Mut und die Kraft für eine weitere Schwangerschaft und durfte nach 42 Wochen mit Schwangerschaftsdiabetes und etlichen gynäkologischen Untersuchungen endlich meinen 2. kleinen Sohn in den Armen halten. Mir liefen Tränen über das Gesicht, Tränen der Erleichterung, Tränen des Glücks, Tränen vor Stolz, Tränen voller Dankbarkeit.

Und so sehe ich meinen Sohnemann bis heute, mittlerweile elf Jahre alt, als meinen Sonnenschein.

„Wenn man ein WOZU
des Lebens hat,
erträgt man jedes WIE"

- Friedrich Nietzsche -

Trotz meiner drei Kinder arbeitete ich immer ein bisschen. Schon das passte nicht zur Einstellung meiner Familie und meines Mannes, doch wollte ich unbedingt ein wenig „Eigenes", ein bisschen etwas, das nur mir gehörte, und damit meine ich nicht das Finanzielle, sondern ein bisschen von dem Gefühl, ich kann etwas, ich als Frau bekomme Anerkennung als Abwechslung vom Kindergarten, von den Hausaufgaben, dem Spielplatz, all jenen Aufgaben, die definitv auch ihre Erfüllung haben, aber in dem Herzbereich, in welchem das Mamaherzchen schlägt.

Meine Ehe, die Einstellungen zweier Menschen, die zu Eltern wurden, drifteten mit den Jahren sehr weit auseinander. Leider war es für uns gemeinsam nicht möglich, dieses Fundament unter demselben Dach zu sein.

Liebes Leben, ich habe es nach elf Jahren Ehe ausgesprochen, ich habe mich getrennt. Diese Trennung passte nicht zu meinem Wertebild und schon gar nicht zu dem meiner Ursprungsfamilie, es fühlte sich dennoch richtig an, denn ich habe auf mein Herz gehört.

„Wenn nichts mehr sein kann,

wie es war.

Nichts ist,
wie Du es Dir wünschst
und nichts sein wird,
wie Du es Dir erträumst,
ist es an der Zeit,
alles loszulassen was war
und neue Wege zu gehen."

Dieser Kampf und dieser Wille, etwas, das sich im Inneren richtig anfühlt, durchzusetzen, diesen Weg weiterzuverfolgen, genau das ist es, was einen stärker werden lässt und vor allem mir das Gefühl gab, ich schaffe alles, alles für meine Kinder und mich, ich bin unabhängig.

An einem Winterwochenende war leider der Kühlschrank leer und es waren auch keinerlei Zahlungen eingegangen, ganz einfach – wir hatten kein Geld.

Noch nie habe ich um Hilfe gebeten, so wollte ich auch diese Situation für mich und meine drei Kinder alleine meistern und verkaufte auf einem Skibasar meine heißgeliebten Ski und Skistiefel, so konnten wir uns für wenig Geld immerhin ernähren. Diese Momente haben uns ganz eng zusammengeschweißt und auch, was in unserer Alles-haben-können-Gesellschaft nicht mehr üblich ist, ein Gefühl der Dankbarkeit entstehen lassen.

Sicherlich denkst Du Dir jetzt: „Noch nie Hilfe angenommen?" Hm … ehrlich gesagt ist dies, wenn ich Dir jetzt meine Gedanken so mitteile, kein sinnvoller Charakterzug zu meinen, stark und ohne jegliche Hilfe und Unterstützung durchs Leben stapfen zu müssen.

Ich werde daran arbeiten, es zuzulassen, auch mal schwach sein zu dürfen und sich helfen zu lassen, Hilfe anzunehmen, vielleicht sogar ohne schlechtes Gefühl danach zu fragen, um Unterstützung zu bitten wenn ich das Gefühl habe, dies zu brauchen. Denn ich weiß, dass es andersherum mir auch guttut, jemandem zu helfen, es macht mir selbst Freude, jemandem Gutes zu tun, zu helfen, somit möchte ich dieses angenehme Gefühl anderen mir gegenüber nicht länger verwehren.

Meine Kinder strahlen zu sehen ist mehr wert als alles auf der Welt, diese Liebe, wenn Augen lieben, diese Momente sind unbezahlbar, auch wenn ich sehr genau spüren musste, wie sich Existenzsorgen anfühlen.

So haben wir vier diese schwere Zeit gemeistert, mit Schreibtisch im Kinderzimmer, wo ich nachts gearbeitet habe, um tagsüber wieder meinen Aufgaben alleine als Mama gerecht zu werden. Ich wollte nicht, dass meine drei irgendwelche Konsequenzen der Trennung, irgendwelche Einbußen, geschweige denn mein schlechtes Gewissen spüren, denn ich habe mich getrennt.

Die Herausforderungen sind gewachsen und eigentlich beinhaltete mein Schreibkonzept eine ausführliche Schilderung über meinen großen Sohn. Ich habe mir im Detail alles von der Seele geschrieben, doch sagt mir mein Gefühl, das ist zu persönlich, und ich möchte weder ihm noch mir mehr wehtun, als es die einzelnen Situationen in den letzten Jahren schon getan haben. Auch wenn ich meinen Lebensbrief detailliert und sehr persönlich verfasst habe, gibt es doch Lebenssituationen, die hinter unserer Haustür bleiben dürfen. Ich möchte Dir dennoch sagen, dass mein großer Sohn nichts ausgelassen hat in seiner

Entwicklung und ich in herausfordernder Weise all das ausgehalten habe.

Aber ich glaube an ihn und seinen Weg, welchen? Das ist noch ungewiss, aber er wird ihn gehen.

Ja, ich mache mir große Vorwürfe, weil ich diejenige war, die den Papa verlassen hat. Habe ich evtl. eine Mitschuld am Verhalten meines Sohnes? Sinnfrei finde ich es jedoch, jede Verhaltensauffälligkeit auf die Trennung zu schieben, nicht alles kann man damit entschuldigen, denn jedes Kind und jeder Mensch muss lernen, selbst Verantwortung für sein Leben zu übernehmen, auch wenn sich im Gepäck etwas mehr Ballast angesammelt hat. Es gibt Wege zu lernen damit umzugehen, diese Defizite auszugleichen und zu akzeptieren.

Immer wieder bin ich gewillt, Mama und Papa in einem zu sein, beide Rollen zu erfüllen, jedoch ist das etwas Menschenunmögliches. Wünschenswert wäre eine Verbindung, auch eine stabile Papa Säule, die trotz räumlicher Trennung für alle Kinder da ist.

Der Gedanke entsteht bei mir, dass unser Sohn all diese Hilfeschreie an uns gesendet hat, an uns Eltern, damit genau das eintritt, was nun eingetreten ist, Gespräche als Eltern, um für unsere Kinder Eltern zu sein. Ob unser Sohn dafür diese schweren Wege gehen musste? Ein Gedankengang der wehtut, aber möglich ist…

Die letzten Jahre werden Ihren Sinn gehabt haben. Du weißt, wie verzweifelt und traurig mich all das Verhalten gemacht hat, und dennoch habe ich den Mut, nach vorne zu schauen und darauf zu vertrauen, dass unser Weg ein guter sein wird, denn die Wurzeln unseres Familienbaumes, die Wurzeln aus Stabilität und Liebe, die sind unkaputtbar, auch wenn der eine oder andere Ast im Lebenssturm abgebrochen ist. Die Zweige wachsen nach, sie biegen sich oft in alle Windrichtungen, manche brechen ab, doch der Stamm steht fest verwurzelt. Und mit dieser Erkenntniss lässt es sich auch an extrem stürmischen Tagen und Momenten positiv in die Zukunft schauen.

Gelernt habe ich dadurch, im Moment zu sein, keine Zukunftspläne zu schmieden, sondern Schritt für Schritt, Tag für Tag und Woche für Woche vorwärtszugehen.

„Positiv denken bedeutet nicht, dass

Du immer gut drauf sein musst,

es bedeutet nur,

dass Du Dir an schlechten Tagen

bewusst machst,

dass auch wieder gute Tage

kommen werden."

Alle meine drei dürfen sich glücklich schätzen, mit Emotionalität gesegnet zu sein. Ein definitiv sympathischer Charakterzug, der mitunter aber in manchen Situationen Schmerzen verursachen kann, da man tiefer spürt, inniger empfindet, jedoch auch die freudigen Momente emotionaler erlebt sind. Das ist sehr wertvoll.

Inwieweit sie die Hochsensibilität von mir vererbt bekommen haben, ist mir noch nicht klar, wobei meine Tochter mit ihren 15 Jahren unglaublich „weise" und schon sehr erwachsene rhetorische und emotionale Fähigkeiten besitzt. Meine Tochter versucht, vieles gutzumachen, verstehst Du, was ich meine? Auszugleichen, auf keinen Fall Sorgen zu machen. Sie möchte mir am liebsten Sorgen, Nöte und Ängste abnehmen, jedoch, und da muss ich sehr aufmerksam sein, überfordert sie diese gut gemeinte Art zu sehr. Es ist nicht ihre Aufgabe, mir, ihrer Mama, die Belastungen abzunehmen. Sie darf das 15-jährige Mädchen sein und das ausleben, ihre jungen Jahre auskosten und muss sich symbolisch nicht meine Schuhe anziehen. Da ist Achtsamkeit von meiner Seite gefragt. Ich kann mir vorstellen, dass Sie das HSP-Gen von mir bekommen hat. Ist das gut? Ist das negativ für sie? Ich war, wie ich Dir schon erzählt habe, sehr angetan, als ich den Begriff der Hochsensibilität vor Augen hatte.

Ein Buch hatte ich mir gekauft, um mich etwas mehr zu informieren. Wirklich unglaublich das Gefühl, jemand hat ein Buch über mich geschrieben. Was hat es mit der HSP auf sich? Was bedeutet das für mich? In erster Linie fühlte ich mich verstanden. 20 % der Menschheit haben HSP, schon diese Information beruhigte.

Und alle Faktoren, über die ich immer im Alltag grübelte, bekamen auf einmal ihre Daseinsberechtigung.

Menschen zu spüren, Gedanken erspüren, ohne dass Worte gesprochen werden, Reize nicht oder schlecht filtern können, die Natur aufsuchen, um Ruhe zu finden, Menschenansammlungen zu meiden, sensibler auf Medikamente zu reagieren, Allergien zu haben, um nur ein paar der Indizes für HSP zu nennen.

Die Erkenntnis lindert natürlich keinerlei Symptome, jedoch ist es extrem wertvoll zu wissen, warum man in manchen Situationen so handelt, warum man die eine oder andere Vorliebe hat und warum man so ist wie man ist, um für sich selbst reagieren zu können, und das Annehmen der HSP sogar als Chance und Bereicherung für sein Leben zu sehen, denn gewiss tun wir mit unseren feinen Antennen der Menschheit gut.

Dazu gehört auch der Denkprozess, warum die negativen Schlagzeilen so interessant sind, wenn man bedenkt, dass es unglaublich viele „Klatschpresse" Zeitschriften gibt. Warum? Ja, diese und andere Fragen stelle ich mir, mit offenen Augen und Ohren nehme ich meine Umwelt wahr. Warum interessieren sich so viele Menschen für die negative Presse?

Unfälle, Trennungen, Lügen, Krankheiten, etc…? Es sollte viel eher positive Gedanken, Glückwunschzeitschriften geben, in denen die Menschen mit Positivem überschwemmt werden.

Wie schön wäre es, würde man die Tageszeitung aufschlagen und von gesunden Geburten, nicht von Tod oder Fehlgeburten lesen. Die Kundin, die in den Laden kommt, würde nicht davon erzählen: „Hast Du schon gehört, die Nachbarin von … und erst 35 … hat die oder jene Krankheit …, wie schlimm!" JA das ist schlimm und traurig, jedoch, und das müssen wir immer wieder verinnerlichen, ist das nicht die Norm. Die Norm ist nicht, dass jeder einen tödlichen Autounfall oder eine lebensbedrohliche Krankheit hat, nein, das ist die Ausnahme. Daher sollten wir uns positiv programmieren, mit Positivem umgeben, um Ressourcen zu haben für eben genau diese Eventualitäten im Leben, wo wir gegebenenfalls diese Kraftressourcen brauchen, auch Resilienz genannt.

2. Gedankenparkplatz für Dich, lieber Leser

Was bedeutet Familie für Dich? Welche Gedanken sind bei Dir aufgekommen?

_____

_____

_____

_____

_____

_____

_____

_____

_____

_____

Welche Gefühle entstehen, welche Bedürfnisse möchten gelebt werden, wenn Du an Deine „Liebsten" denkst? Wofür bist Du dankbar?

_____

_____

_____

_____

_____

_____

_____

_____

_____

_____

Welche Herausforderungen hast Du in der Vergangenheit oder gerade aktuell gemeistert und kannst stolz darauf zurückblicken?

_____

_____

_____

_____

_____

_____

_____

_____

_____

_____

Im Jahr 2007 habe ich mich in der Kindermoden-Branche selbstständig gemacht, erst mit einer Agentur, in der ich verschiedenste Kindermode-Hersteller vertreten habe und mit Freude meine Passion für Mode gelebt habe. Vor allem habe ich aus dem Nichts und branchenfremd ausländischen, hauptsächlich skandinavischen Labels in Deutschland zu einem Namen verholfen. Ich lebte für diese Herausforderung und jonglierte zwischen meiner Familie und meiner euphorischen neuen Aufgabe. Zu diesem Berufsbild gehörten viele Reisen zu den verschiedenen Herstellern, Messebesuche (was ich besonders gern machte) sowie Hausvorlagen, bei denen ich die Händler und Kunden in den Filialen oder Fachhandelsgeschäften besucht habe. Jahrelang arbeitete ich erfolgreich und sehr motiviert, bis sich das Gefühl einschlich, doch mal auf der anderen Seite sitzen zu wollen, mal die Einkäuferin für meinen eigenen Laden zu sein, ein Traum, den ich gerne umsetzen wollte.

Durch die Fashion-Branche lernte ich meinen jetzigen Mann kennen, er war und ist in der Bekleidungsbranche tätig und gab mir nach meinen vergangenen Erfahrungen in der Ehe ein Gefühl von Achtung, jedoch auch den Raum, mich entwickeln zu dürfen, einen Rückhalt und trotzdem den Freiraum, den ich dringend brauchte, um mich zu sortieren und die Vergangenheit anzunehmen.

„Liebe muss nicht perfekt sein, sondern echt."

Ich habe ein 2. Mal geheiratet und bin überglücklich, diesen Schritt getan zu haben, geliebt zu werden wie man ist, ob gerichtet oder nicht, ob schwach oder stark, angenommen und geschätzt zu werden, man selbst sein zu dürfen und dafür geliebt zu werden, ein wunderschönes Gefühl.

Es gibt genug Literatur über Ehen, Beziehungen und Partnerschaften, in denen es immer wieder heißt, es sei das Schönste, seinen Partner zu wollen, aber nicht zu brauchen.

Dem möchte ich in meiner Beziehung und in meinen Gedanken nicht zustimmen, denn es ist das Schönste, durch seinen Partner vollkommen zu sein.

Ich habe erkannt, dass wir Menschen uns nähren von Zuneigung, Liebe, Gemeinschaft, dies brauchen, daher ist es für mich ein Geschenk, einen Partner, meinen Ehemann an meiner Seite zu haben. Sicherlich ist man (Frau) fähig, alles alleine zu stemmen, für sich selbst zu sorgen, Löcher in die Wände zu bohren usw., aber darum geht es nicht, denn das Wissen, wir können alles alleine, genügt, aber ich will es nicht leben, ich möchte die Gemeinschaft leben, eine Beziehung! Dazu gehört Verantwortung, sich kümmern, sich mal zurücknehmen, nebeneinander zu gehen, auch mal voraus, und vor allem Erlebnisse und Momente zu teilen – Freude und Leid zu teilen.

Insbesondere oder vor allem schätze ich die sachliche und objektive Sichtweise meines Mannes, welche mich „Emotionsbolzen" austariert. Ich danke meinem Mann, dass er vor neun Jahren in mein Leben getreten ist.

Durch einen gemeinsamen Neubau konnte ich meine beruflichen Ideen umsetzen, erst mit einem Ständer Damenmode im Hausflur, dann führte ich beinahe fünf Jahre meinen erfolgreichen Concept Store. Die Verbindung von Fashion für Damen und Kinder, gepaart mit Deko-, Interieur-Objekten, Accessoires,

Schuhen und einer Lounge, um in Ruhe nach dem Shopping-Erlebniss einen Espresso zu trinken, machte sehr schnell durch Mund-zu-Mund-Propaganda die Runde, einen Ort geschaffen zu haben, an dem sich meine Kundinnen sehr wohlfühlten. Übrigens auch einige Männer, die ihre Frauen gerne begleitet haben.

Was war da geschehen? Warum wurde dieser Store so erfolgreich und überaus bekannt, dass ich stolz Kundschaft empfangen konnte, die bis zu vier Stunden Fahrt auf sich nahm.

Im ersten Jahr stemmte ich das komplette Alltagsgeschehen eines Einzelhandels alleine, Bestellungen, Messebesuche, Bearbeitung von Retouren, Ladengestaltung, Marketing, Event-Planung alles, bis zum fünften Jahr hatte ich fünf Mitarbeiterinnen.

Zu Beginn machte ich mir ständig Gedanken, ob wohl täglich jemand kommen wird, die viele Ware, der hohe Kapitaleinsatz, wird davon überhaupt etwas verkauft? Habe ich das richtige Sortiment gewählt? Werde ich in dieser Sackgasse überhaupt gefunden? (Mein Concept Store befand sich angrenzend an unser Privathaus in einer Sackgasse.). Welche Werbemaßnahmen sind die richtigen?

Und da komme ich zum Thema MUT. Unternehmerisches Risiko ist zu tragen, wenn man in die Selbstständigkeit, in den Handel geht.

Wer Risiken eingeht, wer mutig ist, schreitet voran, lernt oder wird auf dem beruflichen Weg gelehrt. Mutig zu sein ist eine ganz wundervolle Eigenschaft, die ich glücklicherweise habe, die aber jederzeit gelernt beziehungsweise erlernt werden kann. Zweifel sind angebracht in sachlicher Richtung zwecks Kapital, zum Schutz vor dem finanziellen Ruin, doch andere Zweifel dürfen sich auflösen. Am besten gelingt mir das immer mit dem Gedanken, was ist das Schlimmste, das passieren könnte? Und da merkt man sehr schnell, dass das Schlimmste gar nicht so schlimm wäre, und somit kann man mutig zu seiner Idee, seinem Traum, seinem Gefühl stehen und riskieren. Mut hat viel mit Selbstvertrauen zu tun, vertraue Dir selbst, dann tun es auch die anderen, denn was Du aussendest, kehrt zu Dir zurück.

Sicherlich ist das schwäbische Gen des Arbeitens, welches ich schon bei der Zeugung dick angelegt bekam, auch wichtig, mein Eifer, die Euphorie für eine Sache, das Brennen für eine Aufgabe. Zusätzlich habe ich jeden Monat Events veranstaltet, bei denen meine Kunden verwöhnt wurden, Genuss kombiniert mit Erlebniseinkauf. Dazu gehörten Live Cooking, bei dem mich mein Mann immer fleißig unterstützt hat, Live-Musik, Glücksrad, Goodie Bags, Make-up Sessions, Kreativ Events u. v. m. An Ideen hat es mir nie gemangelt.

Doch was ist es noch das ein Unternehmen so erfolgreich werden lässt. Ein Store gerade mal 48 qm groß mit einem Jahresumsatz von einer halben Million €.

Da musste noch ein anderes Geheimnis dahinterstecken.

Gerne würde ich nun als Coach für Fachhändler arbeiten oder auf Kongressen Vorträge halten, um über genau dieses Phänomen zu sprechen.

Warum wir uns Gefühle kaufen?

Weißt Du, mein Leben, mir ist bewusst, dass wir Menschen uns im Inneren nie verändern werden, trotz Digitalisierung , trotz aller Technik, die uns mehr und mehr umgibt, trotz aller Veränderungen in personeller Hinsicht, meine Bank hat keinen Kundenschalter mehr – nur noch online, die Bäcker sparen Personal ein mit aufgestellten Waagen und Scannern, nein, wir Menschen ändern uns nicht, wir benötigen die persönliche Ansprache. den persönlichen Bezug, dieses „Tante Emma" Gefühl.

Jemanden, der einem zuhört, der sich mal zehn Minuten Zeit nimmt, sich ausschließlich der Person widmet, im Fall meines Stores mich der Kundin annehme, typgerechte Outfit-Ideen präsentiere und auf die Wünsche und Bedürfnisse eingehe.

Dies kombiniert mit einem angenehm duftenden Raum, leiser Hintergrundmusik, ich als Chefin und Inhaberin immer Ansprechpartner über den Style, den Geschmack weit hinaus, Ansprechpartner und oftmals Seelsorger, ja, da habe ich eine Atmosphäre zum Wohlfühlen geschaffen.

Wie würdest Du Dich fühlen? Was war das Geheimnis?

Das ist, denke ich, das Geheimnis, das dieser Ort ein Seelengold Ort ist. Das ist genau meine Kernbotschaft, Seelengold Orte schaffen, das sollte jeder für sich in seinem Leben tun, beziehungsweise diese Seelengold Orte besuchen oder aufsuchen. Das war mein Geschenk an meine Kunden, an einen kleinen Teil der Weltbevölkerung wertvolle Momente zu verschenken, jede meiner Kundinnen konnte auf ihre Art und Weise meinen Seelengold Ort besuchen und genießen.

Ich war für alle da, konnte mit meiner Art und dem Umgang Menschen berühren und beschenken, damit meine Kundinnen jedes Mal, wenn sie zu Hause vor ihrem Kleiderschrank ein bei mir gekauftes Teil angezogen haben, genau dieses positive Gefühl überstreifen – das habe ich erreicht und das tut gut zu wissen.

Wenn Diskussionen mit Händlerkollegen aufgetreten sind, dass die Fashion-Branche nicht gut läuft, konnte ich gekonnt und vehement dagegenhalten. Als Ausrede kam mal das schlechte Wetter, mal der Feiertag, mal die Urlaubszeit, dann wieder das zu gute Wetter, aber das ist es nicht, da richtet man nur den Fokus weg von sich nach außen, auf Dinge, die nicht zu ändern sind, denn wie sagt man so schön: Freue Dich wenn es regnet, denn wenn Du Dich nicht freust, regnet es trotzdem.

Nicht die Gründe im Außen sind es, sondern unsere innere Einstellung. Bin ich an dem Ort, welcher mich erfüllt? Tue ich täglich das, was mein Wunsch, meine Aufgabe ist? Oder arbeite ich wegen des Geldes, der Verantwortung, der Verpflichtung oder vielleicht auch, ohne je darüber nachgedacht zu haben, was ich da arbeite?

Ich bin überzeugt, dass wir alle in uns die Anlagen tragen, um täglich das zu tun, was zu uns passt, worin wir aufgehen, den Sinn und die Erfüllung finden. Das kann für den einen die Hausarbeit zu Hause sein, das Nest pflegen für die Familie, bei einem anderen sind es die helfenden sozialen Hände, die Gutes tun wollen, wieder andere gehen in Führungspositionen auf, es ist egal, in welcher Richtung, welcher Branche unser Herz Ja sagt – wundervoll ist es, wenn wir unser Herz hören, wenn wir es dann noch schaffen, Dinge umzusetzen, den Mut haben, Entscheidungen zu treffen, das Gefühl haben, morgens mit einem kraftvollen Ja aufstehen zu können, dann sollten ... wir dankbar sein!

„Do more of what makes you happy!"

Ich denke, nein ich bin mir sicher, ich hatte die weltbeste Kundschaft. Liebevolle Freundschaften sind entstanden, Ansichten, Einstellungen habe ich kennengelernt, Menschen in ihrer Einzigartigkeit schätzen gelernt und ich durfte sehr viel Anerkennung, Lob und Stolz erfahren.

Gar nicht so einfach für mich, dies anzunehmen. Wie geht das, stolz auf sich und seine Leistung zu sein? So richtig habe ich es erst verstanden, als ich meinen Laden geschlossenen habe. Geschlossen, wie am Anfang meines Briefes beschrieben, in einer Situation der kompletten Erschöpfung. Eine Erschöpfung, die mich gelähmt hat, ich konnte weder laufen noch meine Arme bewegen, verbunden mit einer Verzweiflung über meinen körperlichen Zustand. Für mich, eine Person, welche das Gefühl hatte, immer alles schaffen zu können, alles war möglich. Genau ich musste spüren, wie es ist, wenn der Körper einen lahmlegt, wenn man die Anzeichen lange Zeit übersieht und einfach „weitermacht". Die Psyche reihte sich nahtlos ein, denn nicht umsonst nennt man es die Psychosomatik, das eine gehört zum anderen, und das andere zum einen. Wir sind eins und können den Körper nicht von der Seele trennen. Wir werden von uns selbst darauf aufmerksam gemacht und unsere Aufgabe ist es, uns in Balance zu halten, zu reagieren, wenn eine Dysbalance eintritt, und uns die Fähigkeit aneignen, die Anzeichen zu spüren und umzusetzen, was nötig ist.

Vielleicht fragst Du Dich, woher weiß ich, was nötig ist? Woher soll ich wissen, wie ich die Balance wiederherstellen kann, falls ich meine physischen und psychischen Anzeichen wahrnehme?

Ja, das ist auch für mich eine große Kunst und etwas, das ich lernen darf. Denn alleine die Erkenntnis, wo und wodurch man in eine Schieflage geraten ist, lindert nicht die Beschwerden, die sich körperlich durch Rückenschmerzen, Magen-Darm-Symptomatiken, Migräne, Schlafstörungen etc. äussern können.

Dazu gehören ein gutes Körpergefühl, Selbstliebe, ein eigenes Vertrauen, Selbstfürsorge, denn Selbstfürsorge ist gelebte Verantwortung, und auch der Wille, sich mit sich selbst beschäftigen zu wollen. Tun wir es nicht, macht sich unser Körper immer lauter bemerkbar, und zwar so lange, bis wir ihn nicht mehr überhören können.

Ich habe, wie gesagt, meinen „Traum", mein Ladengeschäft, geschlossen. Diese Entscheidung habe ich in der Notaufnahme getroffen, da brauchte es dann kein Abwägen mehr, da war die Not zu sichtbar und ich erst dann und dort fähig, eine Entscheidung zu treffen.

Dann wartete für mich die Aufgabe sich mit mir intensiv zu beschäftigen. Ich sollte jeden Tag „einfach" Dinge tun, die mir Freude bereiten, die mir guttun. Einfach?

Kannst Du Dir vorstellen, dass genau diese Aufgabe die schwierigste für mich war? Was tut mir eigentlich gut? Was macht mir Freude? Mir ging es nur elend, dass ich nicht wusste, wie ich es in meinem eigenen Körper aushalten sollte. Müde, ohne schlafen zu können, unendlich schlapp, lustlos, starke Rückenschmerzen und in diesem Zustand sollte ich etwas finden, das mir Freude macht? Jahrelang hatte ich meinen durchgetakteten, durchorganisierten Alltag gelebt und bin von A nach B gehetzt – und jetzt musste und konnte ich auf einmal gar nichts mehr? Nachdem mir bestätigt wurde, keine organische Krankheit zu haben, mein Hausarzt bekommt ein separates großes Danke für die Geduld und seinen unermüdlichen Einsatz, versuchte ich mir selbst zu helfen und ging unter anderem jeden Tag im Wald spazieren, auch wenn es zu dieser Zeit einfach nur anstrengend war und ich nichts schönes darin erkennen konnte. Jedoch dachte ich mir, es ist eine Tatsache, dass Grün, die Natur, frische Luft und die Ruhe gesund und schön sind, ob ich das jetzt so empfinde oder nicht, und so konnte ich jeden Tag ein paar mehr Schritte gehen.

Mit diesem Prinzip gestaltete ich meine Wochen, nutzte zusätzlich die therapeutischen Gespräche und machte unser Zuhause immer aufs Neue schön, war kreativ tätig, denn darin spürte ich, liegt enormes Heilen. Ich liebe es kreativ zu sein, zu dekorieren, Lieblingsdinge in immer wieder neues Licht zu rücken.

Meine Umgebung, mein Zuhause ist der wichtigste Ort, da komme ich zur Ruhe, das ist der Treffpunkt mit meinen Lieben, da kann ich mich mit meinen Lieblingsdingen umgeben und mir meine Bereiche so gestalten, dass ich dieses Wohlgefühl spüren darf – und Zeit

Das anzunehmen, dass mein Körper, meine Seele Zeit zum Heilen benötigen, das darf ich sehr schmerzhaft und langwierig kennenlernen. Ich schreibe bewusst darf, denn eigentlich ist es etwas Fantastisches, wenn man ein so hervorragend funktionierendes System in sich trägt, ein System, ein Zusammenspiel aus Körper und Geist, das einem gerade noch rechtzeitig Signale sendet, bevor es ganz aufgibt.

Nach der Bekanntgabe der Schließung meines Ladengeschäftes bekam ich Geschenke, Blumen und etliche liebevolle Nachrichten, die mich im Nachhinein definitiv glauben lassen, mit meinem Store etwas ganz Besonderes geschaffen zu haben. Es gab Kundinnen, die mit dem Schlafsack vor dem Laden gegen die Schließung protestieren wollten.

Sicherlich verstehst Du gar nicht, wie man erschöpft sein kann, wenn man doch so erfüllt ist von der Arbeit? Ist das nicht widersprüchlich? Weißt Du mein Leben, die Arbeit und die Erfüllung meiner Träume sind nicht die einzigen Bausteine in meinem Leben. Wenn nur ein Pfahl des ganzen Systems sicher steht, genügt das nicht, um nicht umzufallen. Es müssen die verschiedenen Säulen, die das Leben ausmachen, stabil sein, sonst kann es leider passieren, was mir passiert ist, dass der Körper STOP sagt. Bring dein Leben in Ordnung, sortiere dich, triff Entscheidungen – und geh DEINEN WEG!

Deshalb bin ich gezwungen, mir eine Pause zu gönnen, wie nach einer Erfolgstournee, um Kraft zu tanken, mich zu reflektieren, die Erkenntnisse zu verarbeiten, um dann mit neuer Energie wieder zu starten. Womit steht noch nicht fest …

Soll ich rechts oder links abbiegen?

Wir werden sehen – ein spannender Weg und gewiss mein EIGENER!

Meine Familie, mein Zuhause und meine Gesundheit sind mein Fundament, alles andere darf sich wieder neu entwickeln, denn eines ist gewiss, Leben ist Veränderung!

Herzlichst Deine Petra

„Be your

Beautiful self"

 Seelen.gold

 Seelengold

www.seelengold.shop